What if one small choice had the power to CHANGE THE WORLD?

For Evan. You make the world better. —E.B.

For all those who with a simple act
take care of planet Earth. —M.Á.M.

Text copyright © 2022 by Elisa Boxer
Jacket art and interior illustrations copyright © 2022 by Marta Álvarez Miguéns

All rights reserved. Published in the United States by Crown Books for Young Readers,
an imprint of Random House Children's Books, a division of Penguin Random House LLC, New York.

Crown and the colophon are registered trademarks of Penguin Random House LLC.

Visit us on the Web! rhcbooks.com

Educators and librarians, for a variety of teaching tools, visit us at
RHTeachersLibrarians.com

Library of Congress Cataloging-in-Publication Data
Names: Boxer, Elisa, author. | Álvarez Miguéns, Marta, illustrator.
Title: One turtle's last straw : the real-life rescue that sparked a sea change / written by Elisa Boxer ; illustrated by Marta Álvarez Miguéns.
Description: First edition. | New York : Crown Books for Young Readers, [2022] | Includes bibliographical references. |
Audience: Ages 4-8 | Audience: Grades K-1 |
Summary: "Based on the viral video that set a movement in motion, this heart-wrenching story of one turtle's rescue
reminds us that even the smallest straw can hurt our ocean life—and that the smallest demand for change
can grow into something big!" –Provided by publisher.
Identifiers: LCCN 2021043162 (print) | LCCN 2021043163 (ebook) |
ISBN 978-0-593-37246-3 (hardcover) | ISBN 978-0-593-37247-0 (library binding) |
ISBN 978-0-593-37248-7 (ebook)
Subjects: LCSH: Turtles—Anecdotes—Juvenile literature. |
Marine biodiversity conservation—Juvenile literature. | Plastic marine debris—Environmental aspects—Juvenile literature. |
Drinking straws—Environmental aspects—Juvenile literature.
Classification: LCC QL795.T8 B69 2022 (print) | LCC QL795.T8 (ebook) |
DDC 597.92—dc23

The text of this book is set in 14.5-point Avenir Next LT Pro Regular.
The illustrations in this book were created digitally using Artstudio and Photoshop.
MANUFACTURED IN CHINA
10 9 8 7 6 5 4 3 2 1
First Edition

ONE TURTLE'S LAST STRAW

The Real-Life Rescue That Sparked a Sea Change

Written by **Elisa Boxer**   Illustrated by **Marta Álvarez Miguéns**

Crown Books for Young Readers
New York

The boy sucks up the last drops of drink through his straw.
After one more satisfied slurp, he tosses the cup in the trash.

Heavy winds come whipping by . . .
lifting the cup out of the trash can . . .
swirling it in the air . . .
smashing it to the ground . . .
sending it spinning down the street . . .
until it stops
in a storm drain.

The straw slips into the sewer.

Underground,
it meanders for miles
through a maze of steel pipes,
then spits out into a stream,
winding its way to the ocean.

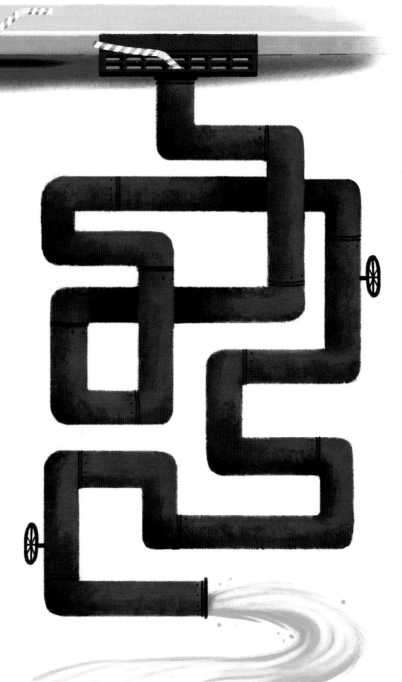

In that same ocean, a sea turtle soars.
His front flippers fly him through the water with long, sweeping strokes.

Until . . . a trawler net!
TRAPPED!

Dragged along the ocean floor, he starts to run out of air.
He needs to get back to the surface to breathe, or he will drown.
TANGLED!

Pero todos pasaban de largo, demasiado ocupados para fijarse en ella.
Greta allí también era invisible.

Todos los viernes, Greta iba al edificio del Parlamento,
aunque lloviera.

Entonces se empezó a correr la voz
y, poco a poco, otros estudiantes se unieron a la huelga.
Los viernes, las escuelas de Estocolmo estaban un poco vacías.

La gente comenzó a fijarse en los jóvenes huelguistas.
Y la noticia sobre la huelga escolar de los viernes se expandió
por el ciberespacio.

**Los estudiantes empezaron a hacer huelga por todo el mundo.
Si los adultos no actuaban para salvar el planeta, lo harían ellos.**

A aquella niña callada que se sentía invisible
le pidieron que hablara ante gente muy importante en la Conferencia
de las Naciones Unidas sobre el Clima en Polonia.

Greta solo hablaba cuando creía que era necesario.

«Ustedes dicen que aman a sus hijos por encima de todo, pero les están robando su futuro ante sus propios ojos».

«Los combustibles fósiles deben permanecer en el suelo».

La joven callada fue invitada a hablar ante gente importante
en el Foro Económico Mundial de Davos, en Suiza.
Y era necesario hablar.

«No quiero que tengas esperanza.

Quiero que entres en pánico.

Quiero que sientas el miedo que yo
siento todos los días.

Quiero que actúes como si
tu casa estuviera en llamas.

Porque lo está».

La protesta en solitario de Greta desencadenó un movimiento
estudiantil a nivel mundial contra el cambio climático.
Su voz, unida a miles de voces, había sido escuchada.

¿PUEDEN OÍR-NOS?

DESHIELO
CIENCIA, NO SILENCIO
AIRE LIMPIO PARA LOS NIÑOS
¡JUSTICIA CLIMÁTICA YA!
ES NUESTRO FUTURO
EL MAR SUBE ¿Y TÚ QUÉ HARÁS?
NUESTRA CASA ESTÁ EN LLAMAS
NEGARLO NO ES LA SOLUCIÓN
DEJA EL PETRÓLEO EN EL SUELO
S.O.S. ¡AYUDA!
URGENTE
ESTÁS DESTRUYENDO NUESTRO FUTURO
el cambio climático MATA
NI 1 GRADO +
NI 1 ESPECIE −
ALZA TU VOZ NO EL NIVEL DEL MAR

AIRE LIMPIO

AMA A LA MADRE

EL CARBÓN MATA

ES MI FUTURO

HUELGA ESCOLAR

nuestro FUTURO está en tus MANOS

SALVA NUESTRO

NO MÁS EXCUSAS

ES LA HORA DE ACTUAR

ES NUES-TRO FUTURO

TÚ PUEDES CAMBIAR EL MUNDO

dale al planeta un gran abrazo verde

NO HAY UN PLANETA B

LA JUVENTUD ✗ CLIMA

SALVEMOS LOS OCÉANOS

EL PLANETA TIERRA PRIMERO

QUÉ HARÁS?

Greta Thunberg tenía quince años cuando faltó a clase por primera vez para hacer huelga por el clima frente al Parlamento sueco en Estocolmo. Su solitaria llamada a la acción el 20 de agosto de 2018 desencadenó un movimiento infantil que llevó a las huelgas de «los viernes por el clima» en muchos países y culminó en una manifestación mundial el viernes 15 de marzo de 2019.

Estos son algunos de los países en los que los estudiantes se manifestaron:

Alemania	Chile	Dinamarca	Finlandia	Italia	Noruega	República Checa	Ucrania
Argentina	China	Eslovaquia	Francia	Japón	Nueva Zelanda	Rusia	Uruguay
Australia	Chipre	Eslovenia	Grecia	Letonia	Países Bajos	Sudáfrica	
Austria	Colombia	España	India	Luxemburgo	Polonia	Suecia	
Bélgica	Corea del Sur	Estados Unidos	Irlanda	Malta	Portugal	Suiza	
Canadá	Croacia	Filipinas	Islandia	México	Reino Unido	Tailandia	

Fuentes

Gessen, Masha. Artículo «The Fifteen-Year-Old Climate Activist Who Is Demanding a New Kind of Politics» en *The New Yorker*, 2 de octubre de 2018, www.newyorker.com/news/our-columnists/the-fifteen-year-old-climate-activist-who-is-demanding-a-new-kind-of-politics.

«Discurso completo de Greta Thunberg en la Conferencia sobre Cambio Climático de las Naciones Unidas COP24», canal Connect4Climate de YouTube, 15 de diciembre de 2018, www.youtube.com/watch?v=VFkQSGyeCWg.

«Discurso de Greta Thunberg ante el Secretario General de las Naciones Unidas António Guterres», canal Fridays4Future de YouTube, 4 de diciembre de 2018, www.youtube.com/watch?v=Hq489387cg4.

«Discurso de Greta Thunberg 'Nuestra casa está en llamas' en el Forum Económico Mundial (WEF) de 2019 en Davos», canal UPFSI de YouTube, 25 de enero de 2019, www.youtube.com/watch?v=zrF1THd4bUM.

Hook, Leslie. Artículo «Greta Thunberg: 'All My Life I've Been the Invisible Girl'» en *Financial Times*, 22 de febrero de 2019, www.ft.com/content/4df1b9e6-34fb-11e9-bd3a-8b2a211d90d5.

Discurso de Greta Thunberg «Huelga escolar por el Clima: salvar el mundo cambiando las reglas», canal TedxStockholm de YouTube, 12 de diciembre de 2018, www.youtube.com/watch?v=EAmmUIEsN9A.

Sengupta, Somini. Artículo «Becoming Greta: 'Invisible Girl' to Global Climate Activist, with Bumps Along the Way» en *New York Times*, 18 de febrero de 2019, www.nytimes.com/2019/02/18/climate/greta-thunburg.html.

Watts, Jonathan. Artículo «The Beginning of Great Change: Greta Thunberg Hails School Climate Strikes» en *The Guardian*, 15 de febrero de 2019, www.theguardian.com/environment/2019/feb/15/the-beginning-of-great-change-greta-thunberg-hails-school-climate-strikes.

Reportaje «You Are Stealing Our Future: Greta Thunberg, 15, Condemns the World's Inaction on Climate Change», de Amy Goodman, en el diario *Democracy Now!*, 13 de diciembre de 2018, www.democracynow.org/shows/2018/12/13.

Citas

«Nunca se es demasiado pequeño para cambiar las cosas». (Discurso en la COP24 de Polonia.)

«Siempre he sido invisible, la niña invisible de atrás que no dice nada». (Citado por Leslie Hook, *Financial Times*.)

«Esas imágenes se han quedado grabadas en mi mente». (Citado por Jonathan Watts, *The Guardian*.)

«Ustedes dicen que aman a sus hijos por encima de todo, pero les están robando su futuro ante sus propios ojos». (Discurso en la COP24 de Polonia.)

«Los combustibles fósiles deben permanecer en el suelo». (Discurso en la COP24 de Polonia.)

«No quiero que tengas esperanza. Quiero que entres en pánico. Quiero que sientas el miedo que yo siento todos los días, y quiero que actúes como si tu casa estuviera en llamas. Porque lo está». (Discurso en el Foro Económico Mundial (WEF) de Davos.)

Cuando escuché sus discursos, sentí como si Greta hablara por mí. Y tengo ochenta años.
—Jeanette Winter

Título original: Our House is On Fire © Texto e ilustraciones: Jeannette Winter, 2019 • Con el acuerdo de Beach Lane Books, un sello de Simon & Schuster Children's Publishing Division, 1230 Av. Of the Americas, Nueva York, NY 10020 • © de la traducción española: EDITORIAL JUVENTUD, S. A., 2019, Provença, 101 • 08029 Barcelona info@editorialjuventud.es • www.editorialjuventud.es • Traducción de Susana Tornero • ISBN 978-84-261-4641-0 • Primera edición, enero de 2020 • DL B 24.033-2019 Núm. de edición de E. J.: 13.850 • *Printed in China*